„Those who think they have not time for bodily exercise will sooner or later have to find time for illness."

Edward Stanley, Earl of Derby (1826-93)

Herstellung und Verlag:
BoD - Books on Demand, Norderstedt
ISBN 978-3-7412-3961-8

Warum Sie dieses Buch lesen sollten

Keine Frage und seit Langem bekannt: Regelmäßige körperliche Bewegung hält nicht nur gesund, sondern steigert auch das Wohlbefinden und die allgemeine Leistungsfähigkeit. Möglichkeiten hierfür gibt es viele, doch nicht immer ist klar, ob der maximale Nutzen aus der investierten Zeit gewonnen werden kann oder ob die Zeit auch hätte effektiver genutzt werden können.

Informationen darüber, welche Art von Bewegung oder welche Maßnahmen zur Gesundheitsförderung besonders effektiv sind gibt es viele, doch oftmals ist es schwer den Überblick zu behalten und die Aussagen sind auch nicht selten widersprüchlich.

Die Aussagen in diesem Buch stützen sich deshalb ausschließlich auf Daten der Krankenkassen, ärztliche Meinungen und einer Umfrage für Unternehmen, die im Rahmen einer wissenschaftlichen Arbeit durchgeführt wurde. Dabei wurden nur Geschäftsführer, Vorstände und Unternehmer persönlich zur Umfrage eingeladen. Sie wurden nach Krankheitsursachen, Krankenkosten, bereits genutzte Präventionsmaßnahmen und danach welche Maßnahmen sie als sinnvoll erachten befragt. Insgesamt haben über 150 Unternehmen aller Größen teilgenommen.

Wir betrachten hier also zwei Seiten, die Sichtweise der medizinischen Experten und die Sicht der Unternehmensführung.

Dieses Buch ist speziell für letztere geschrieben, sehr kurz gehalten und auf das Wesentliche beschränkt, damit sie nur wenig Zeit investieren müssen um es zu lesen.

Krankheit als Arbeitsausfallursache Nr. 1

Abgesehen von „Blaumachern" oder Arbeitsausfällen aufgrund von tragischen Ereignissen, Streiks, oder Umweltkatastrophen, die sich durch gesundheitsfördernde Maßnahmen nicht beeinflussen lassen gibt es insbesondere eine Arbeitsausfallursache: Krankheit!

Ist jemand krank denken viele Menschen automatisch an Erkältungen (*fachchin*esisch akute Infektionen an mehreren oder nicht näher bezeichneten Lokalisationen der oberen Atemwege). Erkältungen sind aber nicht die Arbeitsausfallursache Nr. 1!

Häufiger noch als Erkältungen sind Rückenschmerzen. Betrachtet man die Zahl der Krankenfälle liegen Erkältungen wahrscheinlich auch in Ihrem Betrieb auf Platz 1. Arbeitsausfälle müssen aber pro Fall und Tag berechnet werden! Gleichzeitig müssen die Ausfälle auch über das gesamte Jahr betrachtet werden. Gerade bei Rückenschmerzen ist es so, dass diese meist nicht nur einmal vorkommen sondern immer wieder auftreten. So dauerte laut Dachverband der Betriebs-krankenkassen im Jahre 2013 eine Erkältung im Schnitt 6,7 Tage und Rückenschmerzen 14,9 Tage. Bei psychischen Problemen waren es sogar 29,9 Tage pro Fall und Jahr! In folgender Tabelle sind die Arbeitsausfälle nach Ihrer Häufigkeit geordnet angegeben, wobei die Krankheitsdauer mitberücksichtigt wurde:

Rang	ICD-Code	Bezeichnung	AU-Tage je 1.000 Mitglieder ohne Rentner
Männer			
1.	M54	Rückenschmerzen	1.330,9
2.	J06	Akute Infektionen an mehreren oder nicht näher bezeichneten Lokalisationen der oberen Atemwege	738,3
3.	F32	Depressive Episode	628,7
4.	M75	Schulterläsionen	336,0
5.	F43	Reaktionen auf schwere Belastungen und Anpassungsstörungen	330,4
6.	M51	Sonstige Bandscheibenschäden	327,1
7.	M23	Binnenschädigung des Kniegelenkes [internal derangement]	311,8
8.	A09	Sonstige und nicht näher bezeichnete Gastroenteritis und Kolitis infektiösen und nicht näher bezeichneten Ursprungs	263,2
9.	T14	Verletzung an einer nicht näher bezeichneten Körperregion	221,2
10.	J20	Akute Bronchitis	220,1
Frauen			
1.	F32	Depressive Episode	1.039,1
2.	M54	Rückenschmerzen	1.033,3
3.	J06	Akute Infektionen an mehreren oder nicht näher bezeichneten Lokalisationen der oberen Atemwege	852,8
4.	F43	Reaktionen auf schwere Belastungen und Anpassungsstörungen	660,5
5.	F48	Andere neurotische Störungen	344,5
6.	C50	Bösartige Neubildung der Brustdrüse [Mamma]	320,1
7.	F33	Rezidivierende depressive Störung	311,9
8.	M75	Schulterläsionen	273,4
9.	M51	Sonstige Bandscheibenschäden	268,3
10.	A09	Sonstige und nicht näher bezeichnete Gastroenteritis und Kolitis infektiösen und nicht näher bezeichneten Ursprungs	266,5

(Quelle: F.Knieps, H.Pfaff: BKK Gesundheitsreport 2014)

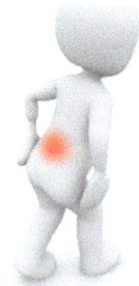

Wichtig! Machen Sie sich Gedanken über Ihre Ausgangssituation!

Im Wesentlichen gibt es 4 Faktoren, die Krankheitsfälle beeinflussen, davon lassen sich jedoch 3 nicht von Ihnen beeinflussen. Dennoch sind 2 der nicht beeinflussbaren Einflussfaktoren für sie wichtig:

1. Pech: Der unwichtige Einflussfaktor

Manchmal hat man einfach nur Pech gehabt. Gerade bei Erkältungen ist es so, dass man selbst, wenn man einen gesunden Lebensstil pflegt und das Immunsystem aufgrund von regelmäßigem Sporttreiben und gesunder Ernährung einwandfrei funktioniert krank wird, weil man sich einfach angesteckt hat. Die Anfälligkeit für Erkältungen sinkt zwar wenn man ein gut funktionierendes Immunsystem hat, völlig ausschließen lassen diese sich dadurch aber nicht.

2. Geschlecht und 3. Alter:

Die wichtigen Einflussfaktoren

Frauen leiden häufiger an Erkältungen, Männer leiden häufiger an Rückenschmerzen, gleichzeitig lässt sich das Auftreten von Erkältungen nur schwach beeinflussen, wohingegen Rückenschmerzen durch geeignete Maßnahmen sehr gut vermieden werden können! Auch gilt: Je älter man wird umso größer wird die Anfälligkeit für Arbeitsausfälle. Machen Sie sich jetzt folgende Gedanken: Wer sind die Schlüsselfiguren in Ihrem Betrieb? Wer ist unverzichtbar? Und: Sind diese Personen männlich oder weiblich? Wie alt sind diese Personen?

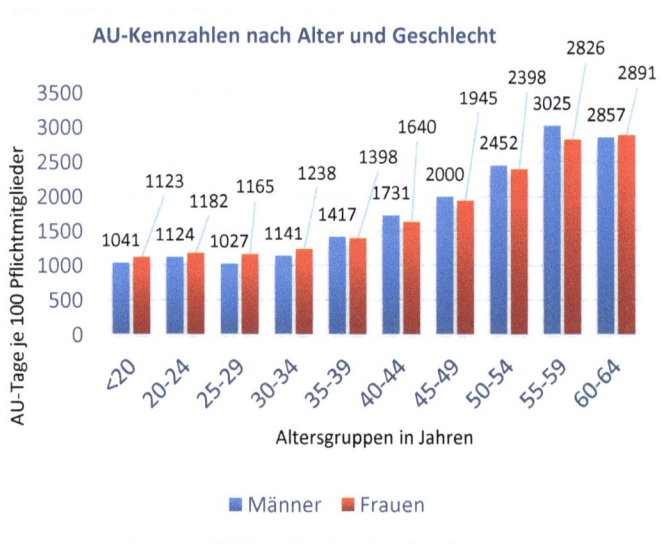

(Quelle: BKK Gesundheitsreport 2014)

Besonders gravierend sind Langzeitarbeitsausfälle. Die Wahrscheinlichkeit hierfür steigt mit zunehmendem Alter exponentiell.

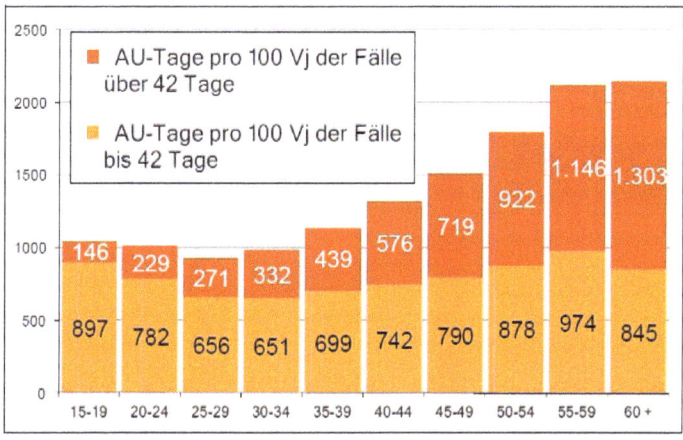

Quelle: AU-Daten der DAK-Gesundheit 2012

4. Lebensstil, der entscheidende Einflussfaktor

Auch wenn Alter und Geschlecht im betrieblichen Gesundheitsmanagement eine Rolle spielen, gibt es einen Einflussfaktor, der stärker wirkt als alle anderen, glücklicherweise ist dieser auch noch gezielt beeinflussbar: Der individuelle Lebensstil!

Dazu gehören Ernährungsgewohnheiten, Bewegung und der Konsum von Drogen (legal und illegal). Davon abgesehen, dass wir jetzt nicht den Moralapostel spielen wollen, bleibt letzteres unbeachtet, da sie Ihren Mitarbeitern nicht das Rauchen oder den Konsum von Alkohol und Kaffee verbieten können und diesen Aspekt nur schwer beeinflussen können. Ohnehin ist nicht entscheidend, worauf sie alles verzichten müssen um Ihre Gesundheit zu erhalten, sondern was Sie unternehmen um Ihre Gesundheit zu fördern! Durch die Ernährung lässt sich v.a. Ihr Gewicht beeinflussen. Übergewicht kann Ursache für viele spätere Beschwerden, insbesondere für Herzkreislauferkrankungen und Diabetes sein. Diese treten meist jedoch erst in höherem Alter auf wenn Ihre Mitarbeiter bereits in Rente sind. Wenn Sie interessierten Mitarbeitern also eine Freude machen möchten oder auch selbst am Thema Ernährung interessiert sind, könnten Sie ihnen beispielsweise einen interessanten Vortrag zum Thema gesunde Ernährung bieten. Auch immer mindestens ein gesundes Gericht in Ihrer Kantine anzubieten wäre denkbar.

Lassen Sie uns nun zu der einfachsten und effektivsten Möglichkeit kommen, wie Sie Ihren Lebensstil und den Ihrer Mitarbeiter gezielt beeinflussen können:

Regelmäßige körperliche Bewegung!

Ein heikles Thema: Krankenkosten

In all unseren Recherchen die wir zum Thema betriebliche Gesundheitsförderung betrieben hatten, gab es nichts, das weniger eindeutig war, als die Antwort auf die Frage, was denn nun ein Arbeitsausfall im Durchschnitt koste. Die Meinungen gehen weit auseinander und reichen von den ganz normalen Lohnkosten bis hin zu astronomischen Summen von mehr als 1000€/ Tag. Die Krankenkassen haben wenig Interesse daran zu untersuchen, was Ihr Unternehmen ein Krankentag kostet, da es sie einfach nicht betrifft. Deshalb haben wir die Unternehmen einfach selbst gefragt:

Nur knapp 42% der teilnehmenden Unternehmen kannten die Krankenkosten

Weniger als die Hälfte (genau: nur 41,7%) der Unternehmen gaben an die Kosten tatsächlich zu kennen. Dabei handelte es sich bei allen Aussagen um gerundete Schätzwerte, die ganz genauen Kosten kannte also niemand! Die Durchschnittskosten, bei den Unternehmen, die, die Kosten kannten betragen 428,21€/Krankheitstag. Allerdings nahmen an der Umfrage wenige selbständige Berater mit teilweise 4 stelligen Tagessätzen und nur 1-2 Angestellten teil, die das Ergebnis verzerren würden. Eliminiert man diese Ausreißer betragen die Durchschnittskosten: **310,17€ / Krankentag**

Da es ganz normal ist, dass in vielen Betrieben die Kosten eines Krankentages nicht bekannt sind und es Ausnahmen gibt, die das Gesamtergebnis verzerren können, war uns auch wichtig was die Unternehmer und Geschäftsführer als Durchschnittskosten in einem durchschnittlichen Betrieb schätzen: **303,64 € / Krankentag**

Wie berechnet man überhaupt die Krankenkosten und wie hoch sind sie nun genau?

Die genauen Krankenkosten können überhaupt nicht genau berechnet und nur ungefähr geschätzt werden!

Natürlich hat man den Teil der exakt bekannt ist:

Bruttogehalt
+
Arbeitgeberanteil der Sozialversicherungen

Dazu kommt aber noch ein unbekannter Anteil der einfach nicht exakt bestimmt werden kann:

Ein entgangener Gewinn der durch die fehlende Arbeitsleistung zustande kommt, der Mehrwert den der Mitarbeiter durch seine Leistung Ihrem Unternehmen bringt. Je nach Fähigkeiten des Mitarbeiters ist dieser unterschiedlich hoch und je nachdem wie speziell seine Arbeitsaufgaben sind kann sein Ausfall durch die anderen Mitarbeiter unterschiedlich stark kompensiert werden. Grundsätzlich gilt: Je kürzer die Krankendauer umso besser kann ein Arbeitsausfall kompensiert werden!

Präventionsmaßnahmen gibt es viele, doch welche sind die besten?

Über Sinn und Unsinn vieler Präventionsmaßnahmen lässt sich streiten. Da gibt es einige, die überhaupt keinen Mehrwert bieten und solche, die einen Mehrwert bieten könnten. Wir betrachten hier, in der Praxis häufig anzutreffende Maßnahmen, die für Sie sinnvoll sein könnten.

Stärken Sie den Teamgeist in Ihrem Betrieb: Gruppentrainings

Gruppentrainings sind einfach Sportkurse die im Team gemeinsam mit Kollegen besucht werden. Ob der Trainer ins Unternehmen kommt, bei schönem Wetter im Freien trainiert wird oder ein Raum in Ihrer Umgebung genutzt wird entscheiden dabei Sie! Ein Vorteil: Es kann gezielt trainiert werden! Sinnvoll ist beispielsweise ein Training, welches präventiv gegen sämtliche häufig auftretenden orthopädischen Beschwerden wirkt.

Dazu zählen nicht nur Rückenschmerzen, die Arbeitsausfallursache Nr. 1. Blättern Sie nochmal an den Anfang zurück und werfen einen Blick auf die Tabelle mit den häufigsten Arbeitsausfallursachen. Auch Schulterläsionen, Schädigungen des Kniegelenks und sonstige Bandscheibenschäden lassen sich damit gleichermaßen gezielt vorbeugen.

Gruppentrainings bewirken noch mehr: Weil gemeinsam mit Kollegen sportliche Herausforderungen bewältigt werden können Sie sich positiv auf Teamgeist und Arbeitsklima auswirken. Außerdem sind Gruppentrainings gem. §3 Nr.34 EStG als freiwillige soziale Aufwendungen steuerlich voll absetzbar und bis 500€/Mitarbeiter und Jahr steuer- und sozialversicherungsfrei!

Es ist zudem bequem, weil der Trainer in Ihr Unternehmen kommt und nicht umgekehrt, was die Teilnahmewahrscheinlichkeit erhöhen dürfte.

Ein weiterer Pluspunkt, der übrigens nicht nur Gruppentrainings, sondern auch alle anderen hier genannten Präventionsmöglichkeiten betrifft, ist, dass Sie die Attraktivität Ihres Unternehmens als Arbeitgeber steigern können.

Gruppenzwang: Eine ganze Gruppe einfach zwingen?

Eine abgekürzte Form von Gruppentrainings sind aktive Pausen. Das sind Gruppentrainings von nur 15-30min Dauer, die spontan durchgeführt werden können. Sie bieten Ihnen vor allem eines: Eine Teilnehmerquote von bis zu 100% !!! Nein, wir wollen nicht, dass Sie Ihre Mitarbeiter einfach zwingen mitzumachen! Aber stellen Sie sich folgendes Szenario vor: Sie sind nicht der Chef in Ihrem Betrieb oder Ihrer Abteilung, sondern ein durchschnittlicher Angestellter sitzen gemeinsam mit Ihren Kollegen im Büro und verrichten Ihre Arbeit, die Tür geht auf, der Fitnesstrainer spaziert herein und fängt nun einfach an Sport zu machen. Er animiert jeden einzelnen mitzumachen und aufzustehen, drückt Ihnen beispielsweise ein Theraband (das sind diese farbigen Gummibänder) oder ein anderes Kleingerät in die Hand. Würden Sie sich jetzt einfach wieder hinsetzen und Ihren Kollegen beim Sport zuschauen oder gar den Raum verlassen? Vermutlich nicht. Gruppenzwang nennt man das! ;-)

Subventionieren von Mitarbeiteraktivitäten

Eine weitere Möglichkeit bietet die Subventionierung von Mitarbeiteraktivitäten. Also beispielsweise die komplette oder anteilige Übernahme von Mitgliedsbeiträgen in Fitnesscentern. Subventionen bieten gegenüber Gruppentrainings in Unternehmen aber 4 entscheidende Nachteile:

Zum einen ist die Qualität an Fachpersonal in deutschen Fitnesscentern stark schwankend, es nützt nichts wenn einfach nur irgendwie trainiert wird, im Gegenteil bei falscher Übungsausführung kann das Fitnesstraining sogar schaden anstatt nutzen. Muskuläre Dysbalancen können auftreten und verstärkt werden, wenn zu einseitig trainiert wird. Besondere Vorsicht gilt bei den Billigketten, bei diesen ist es oft so dass nur ein einziger schlecht ausgebildeter Trainer für alle Kunden zuständig ist.

Andererseits wird nicht gezielt trainiert. Ihre Mitarbeiter trainieren um Ihr individuelles Ziel zu erreichen, aber nicht zwangsläufig um gesundheitlichen Beschwerden vorzubeugen.

Außerdem könnte ein Motivationsproblem auftreten: Vielleicht kennen Sie das selbst? Es ist 17.00Uhr und Feierabend. Sie kommen nach einem anstrengenden Arbeitstag nach Hause, setzen sich erstmal gemütlich auf die Couch, schalten den Fernseher an, machen ein Bier auf und dann…

Ja dann müssen Sie die Motivation aufbringen nochmals aus dem Haus zu gehen und ins Fitnessstudio zu fahren. Tun Sie das? Wenn ja ist das super, aber viele Ihrer Mitarbeiter werden das nicht tun! Besser ein Trainer wäre ins Unternehmen gekomen um um 17.15Uhr gemeinsam mit Ihnen und Ihren Kollegen Sport zu machen. Natürlich trifft das Beispiel mit dem Bier nicht auf jeden zu, ein anderer ist möglicherweise für seine Familie da, wieder ein anderer geht abends einem Hobby nach. Fakt ist: Sind Ihre Mitarbeiter erst einmal dem „Alltagstrott" verfallen, sinkt die Wahrscheinlichkeit jetzt noch etwas für die Gesundheit zu tun.

Hinzu kommt noch das Allokationsproblem: Das heißt, dass mit den Maßnahmen nicht diejenigen Mitarbeiter erreicht werden die eine besonders hohe Risikoexposition aufweisen, sondern im Gegenteil in erster Linie diejenigen Mitarbeiter die Möglichkeiten der Subventionen nutzen werden, die sowieso schon ein gesundheitsorientiertes Verhalten aufweisen.

Fazit: Um sportbegeisterten Mitarbeitern eine Freude zu machen sind Subventionen optimal, der Gesundheitsnutzen für Ihren Betrieb ist eher moderat aber vorhanden.

3 Tipps zur Auswahl eines Fitnessstudios:

1. Achten Sie auf die Qualität und Anzahl der Trainer

2. Das Fitnessstudio sollte in der Nähe des Unternehmens sein, so kann es von allen Mitarbeitern gut erreicht werden und die Mitarbeiter werden angehalten auf dem Heimweg zu trainieren, bevor der private Alltag beginnt

3. Achten Sie auf eine gesundheitsorientierte Ausrichtung des Fitnessstudios: Es sollte sich nicht um eine reine Muckibude handeln und es sollten Kurse, bei denen die Gesundheitsförderung im Vordergrund steht angeboten werden (z.B. Rückenkurse)

Arbeitsplatzergonomie: Was ist dran, am gesunden Bürostuhl?

Warum haben wir heute häufiger Rückenschmerzen und andere Beschwerden, wenn wir unseren Rücken so wenig belasten wie nie zuvor in der Geschichte des Menschen?

Grund ist folgender: Der menschliche Körper ist einfach nicht für das Sitzen gemacht! Unsere Vorfahren legten jeden Tag eine Strecke von rund 20km zurück. Es gibt kein anderes Landlebewesen auf unserem Planeten das täglich solche Strecken zurücklegt. Unsere Wirbelsäule hat ihre S-Form aus einem einzigen Grund: Sie dient dazu die ständigen Stoß- und Federbewegungen, die beim Gehen, Laufen und Springen auftreten auszugleichen.

Das schädliche am Sitzen, ist das ständige verharren in ein und derselben Position. Dafür ist unsere Wirbelsäule einfach nicht gemacht. Was bei modernen Bürostühlen versucht wird ist Bewegung in das Sitzen zu bringen. Einer der aus gesundheitlicher Sicht besten Bürostühle ist der Pezzi-Ball (Das sind diese großen farbigen Gummibälle). Jeder der schon einmal auf so einem Ball gesessen ist merkt allerdings sehr schnell: Nach kurzer Zeit wird es unbequem! Genauso ist es bei den echten Bürostühlen, je unbequemer der Stuhl ist umso mehr Nutzen bringt er. Traurig aber wahr. Achten Sie doch einfach mal gezielt darauf, ob und wieviel Bewegung Ihr Stuhl Ihnen bringt! Wichtig ist dabei nicht wie viele Drehachsen der Stuhl hat und wie stark sich der Stuhl selbst bewegt, es geht ausschließlich darum wie stark Sie sich bewegen während Sie Ihre Arbeit am PC verrichten. Arbeitsplatzergonomie befasst sich aber nicht nur mit der korrekten Auswahl der Bürostühle, vielmehr kann das gesamte Büro clever eingerichtet werden immer mit dem Ziel Bewegung in den Arbeitsalltag zu bringen. Ein Tipp den Sie sofort umsetzen können: Erledigen Sie doch einfach hin und wieder einzelne Aufgaben im Stehen.

Oftmals ergeben sich bei einem clever eingerichteten Büro auch Synergieeffekte: Wenn Sie beispielsweise den Drucker in eine andere Etage stellen, dann müssen sich Ihre Mitarbeiter nicht nur mehr bewegen um zu drucken, sondern Sie werden auch die Druckkosten insgesamt senken, weil jetzt auch für unwichtige gedruckte Sachen dieser Weg zurückgelegt werden muss und die Mitarbeiter sich vorher mehr Gedanken darüber machen, ob überhaupt gedruckt wird.

Vorträge: Vom Guru, vom Fachidioten oder vom Profi?

Vorträge dienen der Unterhaltung, der Information über ein bestimmtes Thema und sie sollen einen Anreiz für zukünftige Veränderungen bieten.

Am Markt zu finden sind häufig selbsternannte Motivationsgurus, die mit scheinbar einfachen Methoden wie „einfach positiv Denken" oder „Ändere deine Perspektive und es ändert sich dein Leben!" versuchen ihre Zuhörer zu einer Verhaltensänderung zu motivieren. Nach wissenschaftlichen Erkenntnissen sind diese Methoden allerdings absolut ineffizient und können sogar einen negativen Effekt haben, da unrealistischer Optimismus zu Enttäuschungen, Passivität und Unterschätzung von Risiken führen kann und somit zusätzlichen Stress auslöst. Für einen erfolgreichen Veränderungsprozess bedarf es Selbstwirksamkeit (= die Überzeugung Veränderungen aus eigener Kraft bewirken zu können), anstatt ein freundliches „du schaffst es!" vom Guru und zusätzlich Optimismus und Resilienz (= die Fähigkeit negative Erlebnisse, wie beispielsweise eine erneute Gewichtszunahme nach einer Diät sowie positive Erlebnisse wie, konsequente Teilnahme an allen Terminen in einem mehrwöchigen Sportkurs oder erfolgreiche Gewichtsreduktion zu meistern und als Anlass für persönliche Entwicklung zu nutzen).

Damit diese Interventionen allerdings wirksam sind ist es notwendig, dass die Beteiligten den Nutzen von Veränderungen selbst erkannt haben.

Sie sind selten, aber es gibt sie. Im Alltag trifft man sie kaum, da sie häufig sehr scheu sind und Ihre Freizeit in Ihrer eigenen komplexen, hochkomplizierten Welt verbringen um noch mehr Zahlen, Daten, Formeln, mathematische Modelle und Theorien aufzusaugen. Vielleicht sind sie schon einmal einem solchen Wesen begegnet? Einem echten Nerd. Wenn Sie mit Ihm über sein Fachgebiet reden, dann merken sie schnell, er hat ein wahnsinniges Knowhow und weiss einfach alles über sein Gebiet, doch leider benutzt er in jedem Satz Wörter, die sie in Ihrem Leben noch überhaupt nie gehört haben und verstehen nicht einmal die Hälfte von dem was er sagt… Sie wissen was gemeint ist: Ein guter Vortrag rüttelt Ihre Mitarbeiter wach, anstatt sie einzuschläfern!

Was aber macht einen guten Vortrag wirklich aus? Ein guter Redner in Kombination mit anschaulichen bilderreichen Präsentationsmedien wobei die Zuschauer nicht mit Textinformationen überflutet werden sollen (So viel Text wie nötig, so wenig wie möglich) bietet die Basis. Dazu ein interessantes Thema, das eine möglichst breite Masse anspricht und das wichtigste: Die aktive Einbindung des Publikums!

Gesundheitstage: Lange öde Tage, zumindest für Nicht-Interessierte

Der Klassiker! Gesundheitstage. Ein ganzer oder halber Arbeitstag wird dem Thema Gesundheit gewidmet. Sie dienen zur Information und sollen dazu anregen in Zukunft gesundheitsbewusster zu Leben. Die Möglichkeiten sind vielfältig und meist eine Kombination aus mehreren der bisher genannten Präventionsmöglichkeiten, mit dem Unterschied, dass sie einmalig an nur einem Tag stattfinden. Ob die Ziele auch erreicht werden hängt natürlich davon ab, wie der individuelle Gesundheitstag aussieht. Wichtig dabei ist, diese so zu konzipieren, dass sie einen nachhaltigen Effekt erzeugen und keine einmaligen Informationsveranstaltungen bleiben! Halten Sie die einzelnen Module so kurz und abwechslungsreich wie möglich, sie wollen die Gehirne Ihrer Mitarbeiter nicht mit Gesundheit überfluten.

Ein Blick in die Zukunft

Insgesamt wird das Thema der betrieblichen Gesundheitsförderung immer relevanter. Grund hierfür ist einerseits der demographische Wandel. Der durchschnittliche Arbeitnehmer wird immer älter und bleibt auch immer länger im Beruf. Andererseits stellt der Arbeitsplatz die nahezu einzige Möglichkeit dar um das Gesundheitsverhalten der Arbeitnehmer gezielt zu beeinflussen. Auch die Arbeitsbedingungen haben sich in den letzten Jahren stark verändert: Die psychische Belastung steigt, während sich die physische Beanspruchung gleichzeitig verringert.

Das Bundesministerium des Innern prognostizierte im Jahr 2012, dass die Zahl der Arbeitskräfte im Jahr 2030, im Vergleich zum Jahr 2010 um 6 Millionen gesunken sein wird. Die Flüchtlingskrise könnte diesen Effekt nun allerdings abschwächen.

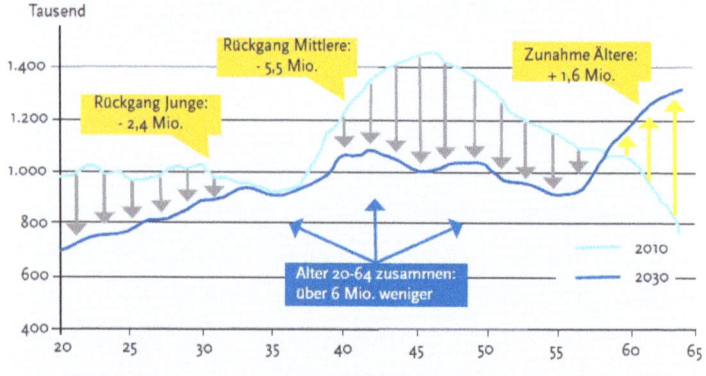

(Quelle: Bundesministerium des Innern, 2012)

Deshalb ist es für die Unternehmen besonders attraktiv, die Arbeitnehmer bis zum Erreichen des Renteneintrittsalters gesund und produktiv zu halten.

Ebenso ausschlaggebend ist der Strukturwandel in der Arbeitswelt. Fast 3 von 4 Beschäftigten sind im Dienstleistungssektor tätig.

Damit ist gemeint, dass die Anforderungen immer komplexer werden, weil einfache Tätigkeiten durch Maschinen und Computer automatisiert werden. Deshalb bedeutet ein Arbeitsausfall auch häufig das vorübergehende nicht nutzbare Wissen von Experten. Zu Zeiten der Industrialisierung wurden kranke Menschen noch einfach gefeuert und durch Gesunde ersetzt. Das geht heutzutage auch aufgrund von Gesetzen glücklicherweise nicht mehr.

Mit zunehmendem Alter verändern sich auch die kognitiven Fähigkeiten. Dabei spricht man von der Verlagerung von fluiden zu kristallinen Funktionen. Fluide Funktionen sind beispielsweise das Wechseln der Aufmerksamkeit und von Aufgaben, schnelle Informationsverarbeitung und Reaktionsvermögen oder die gleichzeitige Ausführung von mehreren Tätigkeiten. Die fluiden Funktionen nehmen im Alter ab, während die kristallinen Funktionen wie zum Beispiel Erfahrungswissen und das daraus resultierende Urteilsvermögen zunehmen.

Präventionsgesetz 2016

Am 18. Juni 2015 wurde von der Bundesregierung ein Präventionsgesetz verabschiedet, das ab 2016 zur Vorbeugung und Früherkennung von Krankheiten und der Gesundheitsförderung dienen soll. Die Krankenkassen und Pflegekassen werden In Gesundheitsförderung in den Lebenswelten wie Kita, Schule, Kommunen, Betrieben und Pflegeeinrichtungen insgesamt mindestens 300 Mio. Euro jährlich investieren. Das bedeutet, dass die Betriebskrankenkassen einen Teil der Kosten für Maßnahmen in der betrieblichen Gesundheitsförderung übernehmen werden.

Unternehmen und Ärzte sind sich einig

Unsere Umfrage zeigte, dass die derzeit am häufigsten genutzten Maßnahmen Gruppentrainings und ein ergonomisch eingerichteter Arbeitsplatz sind. Gleichzeitig sind dies auch die mit Abstand am häufigsten genannten Maßnahmen, bei der Frage, welche Maßnahmen als effektiv angesehen werden. Auch die Befragung von Medizinern ergab dieses Bild.

Wenn nun auch Sie überzeugt sind, dass Maßnahmen der Gesundheitsförderung Ihrem Betrieb einen echten Mehrwert bieten, dann stehen wir oder Kollegen aus Ihrer Region Ihnen beratend zur Seite. Zusätzliche Infos finden Sie unter:

www.h-personaltraining.de